Jerry Minchinton

50 Pasos
para una Transformación Personal

editorial Sirio, s.a.

Ninguna parte de esta publicación, incluido el diseño de la cubierta, puede ser reproducida, almacenada, transmitida o utilizada en manera alguna por ningún medio, ya sea eléctrico, químico, mecánico, óptico, de grabación o electrográfico, sin el previo consentimiento por escrito del editor.

Título original: 50 STEPS TO PERSONAL TRANSFORMATION
Traducido del inglés por Juan Castilla Plaza
Diseño de portada: Bernard Design

© de la edición original
2004 Jerry Minchinton

Publicado con la autorización de:
Harnford House Publishers
Route 1 Box 270
Vanzant MO
USA

© de la presente edición
EDITORIAL SIRIO, S.A.   Nirvana Libros S.A. de C.V.   Ed. Sirio Argentina
C/ Panaderos, 9   Calle Castilla, nº 229   C/ Castillo, 540
29005-Málaga   Col. Alamos   1414-Buenos Aires
España   México, D.F. 03400   (Argentina)

www.editorialsirio.com
E-Mail: sirio@editorialsirio.com

I.S.B.N.: 84-7808-505-X
Depósito Legal: B-3.992-2006

Impreso en los talleres gráficos de Romanya/Valls
Verdaguer 1, 08786-Capellades (Barcelona)

Printed in Spain

Aunque este libro está dedicado a explicar la forma de solucionar o evitar ciertos problemas, sólo tú deberás decidir si los métodos en él descritos son los apropiados para ti y tu vida. Puesto que la efectividad de una solución depende en gran parte de las circunstancias en que ésta se utiliza, un método que es ideal en una determinada situación puede conducir al desastre en otra. Y, puesto que resulta imposible anticipar todos los posibles problemas o soluciones, por favor, considera los ejemplos de este libro como información de estudio. Si necesitas asistencia especializada, te ruego que busques la ayuda de profesionales cualificados.

Introducción

La mayoría de nosotros desearíamos hacer cambios positivos en nuestras vidas. *50 pasos para una transformación personal* puede ayudarte a conseguirlo, ofreciéndote nuevos puntos de vista para lograr una situación mejor. Algunos de estos pasos te ayudarán a relajarte en caso de que las circunstancias parezcan salirse de control, mientras otros te servirán para dejar de lado los aspectos más desagradables de tu vida diaria. Varios de los temas abordados tienen como finalidad el desarrollo del ser interior y el vivir de una forma más armónica.

Piensa en este libro como si fuera una caja de caramelos surtidos. Puedes empezar por el principio y leer hasta el final, o bien puedes elegir el tema que más te plazca dependiendo de tu estado de ánimo o de tus necesidades. Cada tema tiene un aroma y una textura diferente. Algunos te gustarán más que otros y es probable que se ajusten más a tu vida que el resto. Y si llevamos esa comparación un poco más lejos, diría que encontrarás que algunas de las ideas que expongo necesitan ser digeridas lentamente, mientras que otras pueden ser absorbidas de inmediato.

Al final de cada tema hallarás esta afirmación: *Para dar este paso, recuerda*. Las frases que siguen te servirán para centrarte en el aspecto principal de cada tema.

Espero y deseo que encuentres en este librito la respuesta a algunos de tus interrogantes más importantes.

Jerry Minchinton

Compórtate
otra vez como un niño

Siendo adulto, con frecuencia las circunstancias te obligan a ser serio y responsable. Al menos eso se espera de ti. Sin embargo, ¡no hay necesidad de comportarse como un adulto las veinticuatro horas del día! No hay nada malo en disfrutar de la vida. La vida no es sólo un escenario para representar grandes dramas, también es un parque de atracciones donde hay juegos emocionantes y mucha diversión.

Piensa en todas aquellas actividades que disfrutabas de niño, pero que ya no practicas porque se consideran inapropiadas para un adulto. ¿Te gustaba colorear libros? Pues cómprate uno hoy, junto con esa caja de colores de cera que siempre querías tener, y empieza a utilizarlos. ¿Te gustaba jugar con los trenes? Pues monta un tren en miniatura y juega con él cuando tengas oportunidad. ¿Te gustaba escribir poesía? Intenta escribir algo ahora; tal vez sea tan divertido como entonces. ¿Ir al zoológico, construir aviones en miniatura o volar una cometa? Las posibilidades son infinitas. Vuelve a jugar otra vez y disfruta de los sencillos placeres de la infancia. Si tienes el valor de salirte de la rutina, descubrirás que el hecho de deleitarte con ciertos placeres de la infancia resulta muy relajante.

Para dar este paso, recuerda:

En ocasiones no hay nada malo en sentirse como un niño

Evita

sentir envidia

La envidia es un sentimiento desagradable e indecoroso, pues muestra que no valoras lo mucho que ya tienes y que reclamas aún más. La envidia intenta persuadirte de que te encuentras en una situación de desventaja, incluso cuando no es así.

El sentimiento de envidia daña la autoestima, puesto que es una sutil insinuación de que eres una víctima y, probablemente, también te hace estar insatisfecho contigo mismo ya que no has sido capaz de conseguir todo lo que querías. Sin embargo, lo peor de todo es que puede acabar con los sentimientos de gratitud y satisfacción.

50 Pasos
para una transformación personal

No hay nada malo en desear más, siempre y cuando se esté dispuesto a trabajar para conseguirlo. Si deseas enormemente algo, considéralo como una meta y anota los pasos que debes dar para lograrla. Sigue al pie de la letra el plan y, si éste es realista, no hay razón para que no logres dicha meta y dejes de envidiar a aquellos que ya la consiguieron.

Cuando sientas envidia debes tener presente estas dos cosas:

1) Aquellos a quienes envidias tal vez también tengan razones para envidiarte.
2) Cuanto más tengas, más obligaciones tendrás que asumir.

Existen muchas personas en el mundo que apenas tienen bienestar ni posesión material y, sin embargo, se sienten afortunadas si consiguen lo suficiente para comer cada día.

Para dar este paso, recuerda:

Siempre tengo lo suficiente

Utiliza
la mente adecuada

Tenemos dos tipos de mente. La más usada es la *mente pensante*. La otra es la *mente trabajadora*. Cada una tiene su propio trabajo. La mente pensante tiende a ponernos en dificultades, ya que razona a partir de datos incompletos, toma unas decisiones un tanto desafortunadas y, con frecuencia, se siente confundida. También llega a interferir en ciertas funciones corporales que están mejor controladas por la mente trabajadora. La mente pensante planifica excesivamente y se preocupa por el futuro, incluso cuando no hay necesidad de ello. La mente pensante no tendría que trabajar tan arduamente si dejara a la trabajadora hacer su labor.

50 Pasos
para una transformación personal

La mente trabajadora controla lo que sucede en nuestro cuerpo. Proporciona las instrucciones necesarias para que se cure, respire, digiera alimento y para todos aquellos procesos corporales que se realizan inconscientemente. Y opera con tan poco esfuerzo que apenas somos conscientes de ella. Es, sin duda, la más inteligente de nuestras mentes y da lo mejor de sí cuando la mente pensante no interfiere.

Cuando se le permite, la mente trabajadora nos proporciona inspiración, buenas ideas, pensamientos intuitivos y, además, hace que nuestra vida funcione mejor y más relajadamente.

¿Cómo puedes beneficiarte de la capacidad de la mente trabajadora? Pues silenciando a la pensante lo suficiente para poder escuchar lo que te dice la trabajadora. Tanto la serenidad como la reflexión reducen el ritmo frenético de la mente pensante.

Para dar este paso, recuerda:

Cuando me relajo puedo utilizar mejor la mente trabajadora

No intentes
cambiar las cosas

La mayoría de las relaciones, ya sean casuales o íntimas, se han visto contagiadas por una enfermedad común llamada «Debo hacer que cambie».

Dicha enfermedad sólo tiene un síntoma: creer que, cuando hay algo que no nos gusta en la conducta de otra persona, su obligación es cambiar.

Por ejemplo, la mujer que trabaja a tu lado en la cadena de montaje hace mucho ruido cuando mastica chicle, lo cual te resulta sumamente irritante, así que inmediatamente das por hecho que deseará corregirse una vez que se lo hayas hecho notar, a lo que añadirás además lo mucho que a ti te desagrada.

Tal vez se disculpe y deje de masticar chicle, pero también puede que recalque algunas cosas de tu conducta que dejan mucho que desear y que, en actitud desafiante, continúe masticando chicle.

Esto suscita una observación bastante interesante: es tan difícil para nosotros cambiar nuestra conducta como para los demás cambiar la suya.

Tres aspectos que deben tenerse presentes:

1) A menos que la conducta de una persona sea muy perjudicial para ti, no tienes derecho a esperar que él o ella cambie de actitud.
2) ¡Sorpresa! Tal vez a algunas personas les desagrade más tu comportamiento que a ti el de ellas. Si no te han presionado para que cambies, quizá se deba a que no se irritan con tanta facilidad como tú.
3) Si alguno de los dos encuentra la conducta del otro desagradable, la puerta de los acuerdos siempre está abierta.

Para dar este paso, recuerda:

*Cambiar es tan fácil para mí
como para los demás*

Ejerce
tus derechos

Aunque tal vez no hayas pensado en ello, como ser humano tienes ciertos derechos. Entre ellos cabe mencionar:

- el derecho a ser tratado con honestidad y justicia
- el derecho a expresar tu opinión
- el derecho a pensar, sentir y actuar libremente, siempre y cuando no dañes a nadie
- el derecho a decir «no»
- el derecho a ser recompensado por tu labor
- el derecho a ser tratado con respeto
- el derecho a tener un trabajo decente y un salario acorde

50 Pasos
para una transformación personal

- el derecho a cambiar de opinión
- el derecho a vivir en una sociedad libre
- el derecho a participar en la conformación del gobierno de tu país

Éstos son derechos humanos básicos que no deben negarse a nadie. Si no puedes ejercer alguno de ellos, piensa en hacer algo al respecto, ya sea local, nacional o globalmente.

Para dar este paso, recuerda:

Reclamo mis derechos
como ser humano

Rebélate

contra la tiranía del teléfono

El teléfono es probablemente una de las mayores pérdidas de tiempo de nuestra vida. Cada vez que suena, salimos corriendo a responder la llamada. Muchos hemos sido educados con la idea de que no responder el teléfono es una grosería, pero ¿realmente lo es? A menos que le hayas pedido a alguien que te llame, nadie te obliga a responder el teléfono. El hecho de que alguien desee hablar contigo no te convierte automáticamente en un oyente atento y obligado. En muchos casos, esas llamadas tan poco deseadas se convierten en imposiciones que nos impiden hacer lo que realmente nos gustaría.

Piensa en ello. ¿Cuántas veces has interrumpido algo importante o placentero para responder el teléfono y luego has descubierto que la persona que estaba al otro extremo de la línea era alguien con el que no deseabas hablar? Si eres como la mayoría, probablemente muy a menudo.

Para aquellos a los que les preocupa perder una llamada, el contestador automático es un artilugio relativamente barato. Aunque todavía tendrás que oír el teléfono cada vez que suene, tienes la opción de no responder si no te apetece.

Levantarse para responder el teléfono cuando suena es un acto casi instintivo. Dado que se nos ha adiestrado para responder al timbre igual que al perro de Pavlov, al principio nos cuesta trabajo *no* hacerlo. Sin embargo, con un poco de práctica te convertirás en un experto.

Para dar este paso, recuerda:

*No tengo obligación de
responder el teléfono*

Piensa
en la totalidad del cuadro

Resulta tentador, después de un día exhaustivo realizando labores un tanto ingratas, mirarte y verte como algo tan insignificante que la vida podría continuar sin el menor ápice de cambio aunque tú desaparecieras de la faz de la tierra. Hay momentos en que perdemos todas las esperanzas, en los que la vida parece carecer de sentido, nada de lo que hacemos tiene un motivo y no encontramos una verdadera razón para seguir existiendo.

Cuando te sientes cansado y la resistencia emocional se ha venido abajo, resulta tentador caer en pensamientos deprimentes como éste. Pero no debes hacerlo. Tienes esos pensamientos tan negativos porque no eres capaz de ver todo el cuadro.

Algunas salas de cine tienen unas pantallas tan grandes que parte de la imagen queda fuera del campo de visión del espectador. Los asientos y la pantalla se han colocado de tal manera que nadie puede ver toda la imagen de una sola vez.

De alguna manera, esa visión tan limitada refleja nuestro punto de vista, ya que miramos a la vida sola y exclusivamente desde nuestro personal y restringido punto de vista. Si eres capaz de dar un paso y salirte, podrás ver la imagen completa y comprenderás instantáneamente cómo cada aspecto de la vida encaja dentro del contexto de la vida *en general* y del de *otras* vidas. Entonces comprenderás que te encuentras justo en el lugar donde debes estar, y que estás haciendo justo lo que *debes* hacer.

Para dar este paso, recuerda:

Aunque tal vez no sea consciente de ello, desempeño un papel esencial en la vida

Haz regalos
sin crear obligaciones

¿Cuántas veces te han hecho un regalo que no te gustaba, que no podías utilizar o simplemente no te apetecía tenerlo?

¿Qué has hecho con todos esos regalos que no te gustaron? Probablemente, leíste el libro, colgaste el cuadro en la pared, te comiste eso que no te gustaba e incluso te pusiste esa corbata tan horrorosa en alguna ocasión por si alguien te preguntaba. En otras palabras, utilizaste el regalo porque pensabas que eso es lo que se esperaba que hicieras.

No pongas a los demás en esa misma posición. La próxima vez que hagas un regalo, a menos que estés totalmente seguro de que la otra persona lo desea, puedes realizar un acto de extremada cortesía ofreciéndole la oportunidad de rechazarlo sin ofenderte. Incluye una breve nota con el regalo. Algo parecido a: «Espero que te guste, pero si no es así, no tienes por qué ponértelo ni quedártelo. Puedes cambiarlo, regalarlo e incluso romperlo en pedazos sin que yo me ofenda por ello. Que tengas un día muy feliz».

Puede resultar una experiencia liberadora, tanto para ti como para quien reciba el regalo. Aunque esa persona puede sentirse un tanto sorprendida al principio, cualquiera que reciba un regalo de tu parte pensará que eres uno de los seres más considerados de quienes ha recibido regalos.

Para dar este paso, recuerda:

*No quiero crear obligaciones
con mis regalos*

Recibe

el éxito con agrado

Aunque te resulte difícil creerlo, muchos tenemos *miedo* del éxito. ¿Por qué? Éstas son algunas de las razones:

1) Tenemos miedo a perder la aprobación de aquellas personas a quienes sobrepasaremos.
2) Tenemos miedo a no encajar con quienes ya han tenido éxito.
3) No deseamos tener más éxito que nuestros padres.
4) No creemos *merecer* dicho éxito.

No obstante, la cuarta razón es, con diferencia, la más común de todas. Si alimentamos la creencia de que somos malos e inadecuados, no gozaremos de los beneficios que nos ofrece el éxito porque consideraremos que no los merecemos. Si a pesar de todo tenemos éxito, empezaremos a sabotearnos a nosotros mismos casi inmediatamente.

¿Cuál es el remedio para ese problema? Mejorar la autoestima hasta el punto de comprender que uno *merece* una vida de éxito. Las personas que tienen una autoestima saludable se permiten tener éxito en todas las áreas de la vida, y saben que merecen disfrutar de los beneficios que les ha proporcionado el éxito.

Para dar este paso, recuerda:

Merezco tener éxito en la vida

Sé
moderadamente inseguro

¿Has notado alguna vez que cuanto más intentas una cosa, más difícil te resulta conseguirla? A eso se le ha llamado *La Ley del Esfuerzo Contrario*. Dicha ley dice: cuanto más intentes acertar, más lejos quedará el blanco.

A todos nos gustaría sentirnos relativamente seguros sabiendo que tenemos una casa, un trabajo, una familia y la capacidad y el bienestar material para cuidar de todos ellos. Pero ¿qué sucede cuando intentamos estar aún más seguros? *La Ley del Esfuerzo Contrario* empieza a actuar y cuanto más luchas por conseguir esa seguridad, más inseguro te sientes. Ello no quiere decir que realmente *estés* más inseguro, sino sencillamente que te *sientes* de esa manera.

¿Hay alguna solución para este problema? Sí, y es comprender que, hasta cierto punto, la inseguridad es parte de la vida. Nadie puede estar completamente seguro; no existe la seguridad absoluta. Una vez que hayamos comprendido eso, dejaremos de tratar de conseguir lo imposible. Ten en cuenta que no es necesario (ni a veces deseable) tener todo planificado por adelantado. No tienes que saber cómo se desarrollará cada cosa. Algunos de los mayores placeres de la vida se hallan en las agradables sorpresas que encontramos al detenernos para intentar ajustar la vida en los limitados confines de nuestra imaginación.

¿Recuerdas el júbilo que experimentabas cuando de niño recibías una agradable sorpresa? Si puedes aceptar que la inseguridad es una parte inevitable de la vida, verás que todavía hay muchas ocasiones para disfrutar.

Para dar este paso, recuerda:

Entiendo y acepto que la inseguridad es parte de la vida

Sé
más consciente

Cuando estamos ocupados (lo que suele suceder la mayor parte del tiempo), la vida parece transcurrir en una nebulosa. Trabajamos tan rápido y tantas horas que con frecuencia no somos conscientes de dónde estamos, dónde hemos estado y qué es lo que hemos hecho. Creemos que cuanto más corramos, más cosas conseguiremos hacer y, por tanto, nos encontraremos en mejor situación económica. No debe sorprendernos que vivir a esa velocidad signifique que apenas tengamos tiempo para relajarnos y disfrutar de los placeres por los que hemos trabajado tan *arduamente*.

¿Tiene algún sentido vivir de esa manera? No, ya que no resulta nada beneficioso física, mental, emocional o espiritualmente. Tal vez nos convierta en personas exitosas en lo referente al dinero y las posesiones, pero la vida tiene mucho más que ofrecernos. Como dijo alguien: «En el momento de morir, nadie lamenta no haber pasado más tiempo en la oficina».

A lo largo de cada día debes hacer varias pausas y mirar a tu alrededor. Debes intentar ser consciente de dónde estás y de lo que has hecho. Abre tus sentidos y, sin pensar, sin juzgar y sin realizar esfuerzo alguno, trata de captar lo que tu cuerpo y tu entorno te transmiten.

Toma la decisión de ser consciente varias veces al día. Además de alertarte sobre los cambios que necesitas efectuar, esos breves periodos de conciencia reducirán tu estrés y te pondrán en contacto contigo mismo y con el mundo que te rodea.

Para dar este paso, recuerda:

Es beneficioso para mí ser consciente de mi cuerpo y de mi vida

Desarrolla
una mente serena

Debido a que la mayoría llevamos un estilo de vida muy frenético, nuestra mente parece ir en «quinta velocidad» la mayor parte del tiempo. Estamos terriblemente ocupados, tenemos cientos de cosas pendientes y toda clase de problemas que resolver. Además de todos esos incontables pensamientos externos, nos preguntamos cómo nos ven los demás y qué piensan de nosotros, y a esto se añaden los recuerdos del pasado que vuelven constantemente a nuestra conciencia.

Una mente de ese tipo dista mucho de ser serena. Por el contrario, sus pensamientos son tan caóticos que a menudo pierde el hilo de lo que estaba pensando.

¿Qué es una «mente serena»? Una mente totalmente libre de pensamiento consciente. Tal vez creas que es imposible liberar la mente del pensamiento, en especial en este mundo tan ajetreado, pero no es así. Para conseguir los beneficios de una mente serena, no tienes que liberarte de tus pensamientos durante periodos muy largos de tiempo. Todos los días encontrarás breves intervalos en los que no necesitas prestar toda la atención a lo que estás haciendo. En esos momentos relájate y deja de pensar. Puesto que la mente está acostumbrada a trabajar de manera uniforme, intentará ponerse en funcionamiento de nuevo. Si así ocurre, déjala. La próxima vez lo harás mejor.

Cuantas más veces accedas a la mente serena, más fácil te resultará. Es una forma excelente de reducir el nivel de estrés y añadir estabilidad a la vida. Eliminar todos los pensamientos aunque tan sólo sea por unos cuantos segundos te proporcionará una sensación de frescura mental y mejorará lo que hagas durante el resto del día.

Para dar este paso, recuerda:

Cuando la mente está serena,
refleja la realidad

Haz
del mundo un lugar mejor

Los ricos con frecuencia hacen donaciones a universidades e instituciones, pero no todos nos podemos permitir hacer esos obsequios. Sin embargo, sí podemos hacer algo que tiene un efecto duradero en el mundo: *ser amable*. Normalmente los actos de cortesía son bastante sencillos: sostener la puerta para que alguien pase, dejar que otro conductor se adelante cuando el tráfico está muy denso, ceder el asiento en el autobús a alguien que parece realmente cansado o saludar amigablemente a una persona. Existen cientos de cosas que puedes hacer para liberar a una persona, al menos ligeramente, de su pesada carga. ¿Qué debes recordar acerca de la cortesía? *La cortesía es contagiosa.*

Al otro lado del espectro se encuentra la *descortesía*, que es mucho más común que la cortesía. Por ejemplo: empujar a todo el mundo para subir al autobús, cerrar la puerta del ascensor cuando alguien viene corriendo para cogerlo, no ofrecer tu ayuda cuando es realmente necesaria, asegurarte de ser siempre el primero, el más grande y el mejor en todos los aspectos... ¿Qué debes recordar sobre la descortesía? *La descortesía es contagiosa.*

La cortesía normalmente sólo requiere un mínimo esfuerzo y muy poco tiempo. Cuando te comportas cortésmente, esas personas con las que has sido cortés tienden también a serlo más. Un acto amable suscita otros actos amables.

Para dar este paso, recuerda:

Cada vez que soy cortés, contribuyo positivamente a la humanidad

Deja
el ego en su sitio

Dentro de nosotros existe un núcleo que es nuestro «verdadero» yo, por así decirlo. Esa parte de nuestro yo es permanente y constituye una fuente de júbilo, amor y amabilidad.

Nuestro ego, por el contrario, es un yo «artificial», constituido por los rasgos y características más dignas de objeción y desagradables. Su especialidad es el orgullo, la envidia, la cólera, la ambición, el miedo y casi todos los sentimientos que generan una carga de energía emocional negativa. El ego intenta —y en ello fracasa— involucrar a nuestro verdadero yo en dichas emociones, especialmente cuando se siente retado o ve su existencia amenazada.

Es el ego el que se preocupa mientras nuestro verdadero yo permanece tranquilo. Es el ego el que se enfada y se decepciona aunque nuestro verdadero yo permanece sosegado. Es el ego el que al parecer necesita y exige continuamente mientras que nuestro verdadero yo tiene más que suficiente. No son esas precisamente las cualidades que deseamos en un invitado.

¿Qué debes hacer cuando empieces a experimentar las emociones desagradables del ego? Prestarle la menor atención posible y centrarte en tu interior, en tu verdadero yo. Recuerda siempre que esos sentimientos tan negativos no tienen una existencia real y que tu *verdadero* yo no puede experimentarlos.

Para dar este paso, recuerda:

*En el centro de mi ser soy una
persona sosegada, libre y feliz*

No lo tomes
personalmente

¿Alguna vez has escuchado comentarios desagradables que pensaste se referían a ti? Cuando eso sucede, normalmente se debe a que algún problema te ha dañado emocionalmente y te sientes extremadamente vulnerable.

La próxima vez que escuches algo desagradable que creas que puede ir dirigido a ti, puedes actuar de dos formas distintas: *primera*, considerar que *no* va dirigido a ti; *segunda*, si indudablemente va dirigido a ti, ¡recházalo! *No tienes por qué dar como ciertos los comentarios desagradables de nadie.* ¡Las demás personas son libres de decir lo que quieran, pero tú no tienes por qué estar de acuerdo con ellas!

Para dar este paso, recuerda:

Siempre tengo derecho a rechazar los comentarios desagradables

Deja de
preocuparte

¿Estás preocupado? ¿Se siente tu «serenidad» amenazada? Tal vez creas que no, pero ¿y esos pequeños y persistentes pensamientos que te producen una extraña sensación en la boca del estómago? Si lo piensas, verás que la preocupación es una actividad estúpida e ilógica. Al preocuparte, asumes automáticamente que algo malo va a suceder. Y sientes como si preocupándote lo suficiente lo desviaras o lo hicieras menos grave. La preocupación no está en nosotros por naturaleza, sino más bien es una forma de autoindulgencia. Es un esfuerzo totalmente perdido que, además de no hacer ningún bien, puede dañarte mental, física y emocionalmente.

50 Pasos
para una transformación personal

Piensa un momento en una cosa: ¿qué sentido tiene estar repitiéndose continuamente a uno mismo todo lo que puede ir mal? Puesto que preocuparse no trae ningún beneficio positivo, ¿por qué continuar?

¿Qué puedes hacer para dejar de preocuparte? Hay varias alternativas:

1) Céntrate en el presente. La preocupación siempre está relacionada con el futuro.
2) Estate preparado para sustituir la preocupación por un pensamiento positivo.
3) Asume que hay un poder sobrenatural que guía tu vida y, por tanto, no hay necesidad de preocuparse...

Para dar este paso, recuerda:

Mi vida mejora si no me preocupo

Haz una lista

de las cosas que «no quieres hacer»

Muchos hacemos una lista de las cosas que «tenemos que hacer» cada día. Hacemos una lista de todos los proyectos y tareas que deseamos realizar y las vamos tachando a medida que las llevamos a cabo.

¿Has pensado alguna vez en hacer una lista de las cosas que «no quieres hacer»? ¿Qué escribirías en ella? A continuación te ofrezco algunas sugerencias, aunque una vez que hayas empezado podrás añadir otras muchas tú mismo. Para empezar:

- actividades que en algún momento te gustaron y que ya no te interesan

- tareas que te aburren o que te hacen sentirte desgraciado
- relacionarte con personas (parientes incluidos) que realmente no te gustan
- obligaciones que has asumido aunque no eran tuyas
- mantener conversaciones insulsas, ya sea en persona o por teléfono
- hacer favores a gente que jamás los devuelven

Haz varias copias de esa lista de cosas que «no quieres hacer». Ten una de ellas siempre a mano y utilízala diariamente. Si has logrado evitar hacer una de las cosas de la lista, haz una señal al lado.

Esto tiene como objetivo dos cosas: primera, te estimula a hacer un juicio crítico de tus actividades más usuales y, segunda, te ayuda a eliminar las que te hacen sentirte desgraciado.

Para dar este paso, recuerda:

*No tengo por qué hacer feliz a nadie,
si es a costa de mi propia felicidad*

No seas

crítico

¿Has estado alguna vez con esa clase de personas que parece disfrutar criticando, juzgando o hablando mal de los demás? Casi todos nosotros sí. Parece ser que lo hacen con diferentes propósitos. Algunos desean sorprender, otros entretener y hay quien pretende ser gracioso. Lo que probablemente desconocen esta clase de personas es que esa conducta tan negativa refleja que son *ellos* los que tienen problemas, sobre todo de autoestima e inseguridad. Su razonamiento, aunque inconsciente, les dice algo como: «Si señalo lo malos que son los demás, yo pareceré mejor en comparación con ellos». Incluso resulta posible medir lo inseguros de sí que están por la determinación con la que buscan los puntos débiles y los defectos de los demás.

Si en algún momento también nosotros hemos practicado ese tipo de enjuiciamiento y crítica de los demás, lo sabemos, ya que cuando nos centramos en los defectos de otros nuestra inseguridad disminuye y nos sentimos mejor, aunque el efecto es meramente temporal. Tan pronto como dejemos de criticar y de juzgar, nuestra autoestima desciende a su nivel normal.

Puesto que esa actitud tan crítica se debe principalmente a una baja autoestima, la única manera de solucionar ese problema es hacer un esfuerzo continuo por mejorar la autoestima. Las personas que se gustan a sí mismas normalmente tienen mejores cosas que hacer que estar señalando los defectos de los demás. Cuando dejamos de sentirnos mal con nosotros mismos, dejamos también de ver los defectos de otros.

Para dar este paso, recuerda:

Cuando me siento bien conmigo mismo, no veo tantos defectos en los demás

Desahógate
escribiendo tus problemas

Escribir puede resultar muy gratificante y tiene unos efectos terapéuticos maravillosos, tanto si lo haces con lápiz y papel como con el ordenador. Su principal beneficio es:

El «efecto terapéutico»

Si no tienes un amigo con quien desahogarte, escribir tus frustraciones y disgustos diarios puede ayudarte a liberarte del estrés que has acumulado. Escribe todo aquello que quisiste decirle al jefe, pero que no hiciste porque quieres seguir conservando el trabajo. Quéjate de las personas malhumoradas con las que has tenido que tratar ese día. Si no te sientes contento con tu casa o con tu apartamento, escribe tus sentimientos.

Escribir ese tipo de cosas te ayudará a eliminar las emociones negativas que has acumulado. Una vez que hayas terminado de escribir, destrúyelo todo.

Podrás resolver los problemas con más facilidad

Si escribes sobre los problemas que tienes, podrás obtener una perspectiva distinta de ellos. Algunas personas creen que el hecho de sentarse y escribir todo lo que se les ocurre ya es beneficioso. Además, tener que ordenar los pensamientos para poder expresarlos te ofrecerá una nueva perspectiva de tus problemas.

Escribir sobre un problema no lo hace necesariamente desaparecer, pero sí hace que sea más comprensible. Con frecuencia, el solo hecho de ver tus pensamientos escritos te llevará a verlos con más claridad.

Para dar este paso, recuerda:

*Escribir puede ser una buena
válvula de escape*

Elige
sabiamente las imágenes

Normalmente prestamos muy poca atención a las imágenes que se suceden continuamente en nuestra mente. Estamos tan acostumbrados a ellas que apenas nos damos cuenta de su existencia.

Nuestra filmoteca mental tiene diferentes clases de imágenes. Algunas de ellas son sobre actividades agradables que hemos disfrutado, sobre las recompensas que obtuvimos por nuestros esfuerzos, o sobre los buenos momentos que pasamos junto a los amigos. Son imágenes felices y positivas que hemos almacenado.

No es necesario decir que también hemos almacenado en la mente imágenes desagradables. Nos muestran nuestros fracasos, como víctimas, o no obteniendo aquello que deseábamos o necesitábamos. Ésas son las imágenes desafortunadas que hemos guardado.

¿Qué clase de imágenes *ves* con más frecuencia? Normalmente vemos imágenes que ilustran la idea que tenemos sobre nosotros mismos. Si creemos que somos decentes y correctos, por regla general vemos imágenes que nos ayudan a enfocar la vida positivamente. Si, por el contrario, *creemos* que no somos decentes ni correctos, las veremos negativas.

Es muy beneficioso tratar de ver las imágenes agradables la mayor parte del tiempo. Y si deseas que eso se convierta en algo frecuente, hay dos cosas que puedes hacer: *primera*, luchar por mejorar tu autoestima, ya que, a medida que lo hagas, conseguirás gradualmente desprenderte de las imágenes negativas y sustituirlas por positivas; *segunda*, puesto que todos tenemos *algunas* imágenes positivas, elige una en cuanto te des cuenta de que has estado viendo una imagen negativa. A medida que consigas ambas cosas, te darás cuenta de que la vida en general, y la tuya en particular, se vuelve mucho más agradable.

Para dar este paso, recuerda:

Puedo elegir imágenes positivas que realzarán mi vida

Haz que
las personas que te encuentras se sientan importantes

Debido a que siempre vamos con prisa, prestamos poca atención a las personas con las que estamos hablando y a lo que están diciendo. Cuando nos sentimos muy agobiados, incluso llegamos a verlas más como un impedimento a nuestras metas que como personas.

Pero ¿qué tiene esto que ver con que los demás se sientan importantes? Responde a las siguientes preguntas: ¿qué es lo que millones de personas deseamos pero que muy pocos reciben? *Atención*, algo que normalmente escasea en todas partes. ¿Te gustaría que la gente tuviera una buena opinión de ti? Préstales toda tu atención cuando hables con ellos. ¿Te gustaría saber algo más acerca de cómo funciona la mente humana? Préstales toda la atención cuando te hablen. No importa con quién estés hablando, mírale de frente y concéntrate en lo que te está diciendo. (A menudo, cuando las personas nos están hablando, estamos ocupados pensando en otras cosas que no están relacionadas para nada con la conversación.) Convertir esa práctica en un hábito te proporcionará dividendos en muchos aspectos. Las personas que hablen contigo se sentirán gratificadas por haberles prestado atención. Tendrán una buena opinión de ti porque les habrás hecho sentir que tanto ellos como sus pensamientos son importantes para ti. Además, como llegarás a comprenderlos más profundamente, establecerás una mejor relación con ellos.

Para dar este paso, recuerda:

Cuando presto toda mi atención a las personas que me encuentro todos salimos beneficiados

Desarrolla
una actitud de gratitud

En ocasiones nos sentimos frustrados porque no hemos podido conseguir algunas de las cosas que deseábamos. Nos quejamos porque creemos que la vida nos debe mucho y nos da muy poco. Luego miramos a nuestro alrededor y vemos a aquellas personas que *poseen* todas esas cosas que deseamos y nos sentimos víctimas y engañados. Cuanto más pensamos en ello, más desgraciados nos sentimos. La vida no es justa.

No obstante, hay una solución perfecta para este problema: se llama «sentirse agradecido». Así es como se consigue. Siéntate cómodamente y mira a tu alrededor. La mayoría vivimos rodeados de objetos maravillosos, útiles y prácticos a los que estamos tan acostumbrados que no reparamos en ellos hasta que o se rompen o necesitan sustituirse. Empieza por hacer una lista mental de todas aquellas cosas por las que debes sentirte agradecido. Comienza por tu casa, tu familia, tus amigos, tu ropa, tu comida, tu salud y tu trabajo. Piensa, una por una, en todas las comodidades que hacen que la vida sea tan relativamente sencilla. No todo el mundo posee esas cosas; por eso, si tú las tienes ya es una razón por la que debes sentirte agradecido.

No todo aquello por lo que podemos estar agradecidos se posee o se elige. Mira a tu alrededor, no importa donde estés, seguro que tienes cosas por las que debes sentirte agradecido. Un maravilloso atardecer, una hermosa flor, un día cálido y tranquilo y miles de cosas como esas. Una vez que empieces a buscar, encontrarás mucho por lo que estar agradecido.

Si empiezas a desarrollar una *Actitud de Gratitud* y la conviertes en una práctica habitual en tu vida, descubrirás que el mundo es realmente maravilloso, independientemente de lo mucho o poco que poseas.

Para dar este paso, recuerda:

Tengo muchas cosas por las que debo estar agradecido

Disfruta

del poder reconstituyente de la naturaleza

Hemos perdido el contacto con el poder curativo de la naturaleza. Pasamos la mayor parte de nuestro tiempo en habitaciones y edificios poco ventilados y hemos olvidado qué se siente al aire libre.

¿Cuánto tiempo hace que *miraste* detenidamente una hoja? ¿Tanto que ya no te acuerdas de sus venas, su color, su forma y su tacto? ¿Cuándo fue la última vez que miraste de cerca el tronco de un árbol, examinaste su color, su textura y su abigarrada apariencia?

Tienes a tu disposición la naturaleza las veinticuatro horas del día, tanto si vas al parque de una ciudad como si tienes la suerte de vivir en un medio rural. Disfrutar de ella es una experiencia que despierta nuestros sentidos y nos hace recordar el increíblemente complejo ecosistema en el que vivimos, así como la maravillosa complejidad de la naturaleza de las plantas y los animales que nos rodean. Los siguientes son unos cuantos consejos que pueden mejorar tu relación con la naturaleza:

- Cuando haga buen tiempo come al aire libre
- Observa *cuidadosamente* los árboles, los pájaros, los animales, las flores, el cielo y las nubes
- Déjate absorber por la increíble belleza de un atardecer o de un amanecer
- Mira cómo las nubes cambian de forma y de color
- Escucha el canto de los pájaros
- Disfruta viéndote rodeado de la majestuosidad de los árboles

Conectarse con la naturaleza es una experiencia impactante de la que debes gozar con frecuencia. De hecho, muchas personas, cuando están inmersas en la naturaleza, sienten una jubilosa conexión con todo el universo.

Para dar este paso, recuerda:

En contacto con la naturaleza estoy más sano en todos los aspectos

Convierte
la risa en un hábito

Tendemos a tomarnos la vida demasiado en serio. Pasamos demasiado tiempo pensando en las cosas negativas que nos han sucedido o que nos pueden suceder, y terminamos por convencernos a nosotros mismos de que la vida es un asunto muy serio.

Y ciertamente puede serlo en ocasiones. Pero también es cierto que a veces ¡es histéricamente divertida! Y también es cierto que hay muchas cosas que son serias y divertidas al mismo tiempo. Si has pasado la mayor parte del tiempo pensando en las cosas negativas, necesitas cambiar de mentalidad.

La risa hace que el cuerpo produzca endorfinas, que son maravillosamente beneficiosas para nuestro cuerpo. Además, la risa es una terapia muy eficiente que nos ayuda a curarnos, a recargar nuestras baterías mentales y emocionales y a reducir el estrés y la tensión.

Saca todo lo que puedas de ese regalo tan simple. Busca fuentes de humor sea donde sea, en películas, cómicos o dibujos animados. Escucha una cinta o un CD que no tenga nada grabado excepto risas y te darás cuenta de lo contagiosa que es la risa.

Para reírte con más frecuencia en la vida y con ello mejorar tu salud y tu disposición, trata de encontrar cinco cosas graciosas cada día. Si practicas esto durante varias semanas, se convertirá en un hábito (¡bastante saludable, por cierto!). Tus amigos se sorprenderán del cambio.

A continuación te planteo una pregunta para que la pienses: ¿no sería maravilloso que las guerras las combatieran cómicos en lugar de soldados y que el que más se riera fuese el ganador?

Para dar este paso, recuerda:

Si lo busco, puedo encontrar mucho humor en la vida

No sientas
lástima de ti mismo

¿Cómo puedes saber que estás empezando a sentir lástima de ti mismo? Sencillamente escuchándote al hablar. Si empiezas las frases con palabras como «si...», probablemente estás empezando a sentir lástima de ti. Normalmente tienes pensamientos que dicen algo así como: «Si eso no me hubiese ocurrido...», «si hubiera tenido otros padres...», «si fuera más guapo...» o «si...» (termina la frase con tu favorita).

Nadie se beneficia de que juegues a ese juego. Por el contrario, normalmente las cosas empeoran, ya que los amigos empiezan a cansarse de escuchar tus quejas y comienzan a darte de lado. Y, si al principio no te sentiste como víctima, después empiezas a hablar como si lo fueras.

Si empiezas a pronunciar ese tipo de frases demasiado a menudo, éstas son algunas sugerencias:

1) Préstate para algún trabajo voluntario. A veces eso le hace a uno cambiar de perspectiva, pues ayudarás a personas que se encuentran en peor situación que tú.
2) Haz algo diferente para rejuvenecer la mente, ya que si no lo haces todos nos cansaremos de escuchar la misma canción una y otra vez.
3) Lee «Desarrolla una actitud de agradecimiento». Te abrirá los ojos.
4) Hazle un favor a algún amigo. En lugar de gastar toda la energía emocional en ti mismo, ofrécele ayuda a algún amigo que esté pasando por un mal momento.

Jugar a eso de «pobrecito de mí» consume mucha energía. Más vale que la utilices para mejorar el futuro en lugar de mirar al pasado. La vida es demasiado corta para malgastar tiempo quejándose. Y mira, a todos nos suceden cosas desagradables, por lo que todos tenemos buenas razones para quejarnos, si así lo elegimos.

Para dar este paso, recuerda:

Puedo tener una vida feliz incluso si todas las cosas no salen como yo quisiera

Ten sólo
lo suficiente

Si echamos un vistazo al contenido de nuestros armarios, hogares y garajes parece que la vida consiste en acumular. Durante la vida compramos y acumulamos cientos, tal vez incluso miles de objetos diferentes. Compramos propiedades, amasamos dinero, coleccionamos objetos. Incluso sin un plan consciente, los objetos parecen atraernos como si fueran imanes. Hay un medio chiste sobre nuestra tendencia adquisitiva que dice: «Aquel que se muera con más juguetes será el ganador».

Te hago una pregunta: ¿cuánto es para ti suficiente? Para la mayoría de nosotros suele ser: «Sólo un *poquito* más».

¿Dónde pones tú la línea entre suficiente y demasiado? ¿En

qué momento tus adquisiciones han dejado de mejorar tu vida y han empezado a convertirse en una carga? Las personas conscientes encuentran el secreto de la felicidad en no tener más, sino en desear menos. Han aprendido que cuanto más se tiene, más complicada es la vida.

Cuando estés pensando en comprarte algo, pregúntate: «¿Me hará más feliz o me traerá más complicaciones?».

Después llegará un momento en que no serás tú quien posea las cosas, sino que ellas te poseerán a ti. Intenta detenerte antes de llegar a ese punto.

Para dar este paso, recuerda:

Sólo compro lo que necesito y utilizo

Sé un
verdadero amigo

Todo el mundo desea *tener un amigo, pero no todo el mundo está* dispuesto a serlo. Si quieres ser un buen amigo, ten presente las siguientes cualidades y características. Debes:

- *Respetar los valores y las prioridades de tus amigos* aunque difieran de los tuyos. Afortunadamente, no todos pensamos de la misma manera. Cuando uno de tus amigos considera que algo es importante, ¿respetas sus sentimientos?
- *Interesarte por la vida y el bienestar de tus amigos.* ¿Conviertes sus preocupaciones en tuyas? ¿Estás dispuesto

a ayudarlos cuando se encuentran en apuros? ¿Estás dispuesto a decirles algunas cosas que debieran saber aunque eso les haga enfadarse?
- *Valorar la confianza.* La amistad sin confianza se convierte en mero conocimiento. Los verdaderos amigos conocen el valor de la confianza en una relación.
- *Ser leal.* ¿Estarás al lado de tus amigos cuando sepas que tienen razón y les dirás con franqueza lo que piensas cuando creas que están equivocados?
- *Compartir la felicidad que sienten por sus logros.* Ninguna alegría es completa si no se comparte con un amigo.
- *Transigir.* Se debe transigir en las cosas sin importancia, no en los asuntos grandes e importantes.
- *Ser sincero.* Los amigos no se cuentan mentiras entre sí.

Si resultara fácil encontrar un amigo probablemente tendríamos millones. Sin embargo, como puedes observar existen algunos requisitos un tanto extraños. Ésa quizá sea la mejor razón para ser un buen amigo y para valorar los buenos amigos que tienes.

Para dar este paso, recuerda:

*Si quiero tener un amigo,
debo ser amigo*

No seas

posesivo con aquellos a los que quieres

Las personas posesivas se sienten inseguras y asustadas y creen que nadie los quiere. Todos los esfuerzos para hacer que se sientan mejor fracasan, ya que funcionan con suposiciones falsas. Creen que se sentirán más seguros y más amados si «poseen» a alguien.

Obviamente eso no funciona, porque a la mayoría de las personas no nos gusta la idea de ser «poseídos». Tarde o temprano nos cansamos de ser utilizados para rellenar las carencias emocionales del otro. *La Ley del Esfuerzo Contrario* también se aplica en ese caso: cuanto más intentes sujetar a alguien, más probabilidades tienes de perderlo.

Otra suposición incorrecta es la de creer que pueden suplir el escaso amor que sienten por ellos mismos con el amor que pueda darles otra persona. En esos casos el problema reside en que el tipo de amor que la persona posesiva necesita no suele venir de fuera, sino de dentro; es el *amor por uno mismo*. No hay amor externo que pueda suplir la carencia de amor por uno mismo.

El amor posesivo no es un amor *real*, sino más bien una obsesión egocéntrica que muestra al resto del mundo que nos sentimos inseguros e indecisos. Las personas posesivas dedican su tiempo y su energía a *conseguir* amor, no a darlo.

¿Cómo puedes «curarte» de esa manía de posesión? El primer paso consiste en entender que *nada* de lo que está fuera de nosotros puede llegar jamás a pertenecernos, aunque tengamos su custodia temporal. El segundo, en aumentar nuestra autoestima. Puesto que la manía de posesión surge de la inseguridad y del temor, cuando mejoramos nuestros sentimientos hacia nosotros mismos desaparecerá automáticamente. Y, cuando nos demos cuenta de que el amor por nosotros mismos es el único que *debemos* poseer y que ya no necesitamos de otro para sentirnos completos, entonces estaremos curados.

Para dar este paso, recuerda:

El amor más importante es el amor por mí mismo

Entiende
el propósito de la publicidad

Los anunciantes gastan miles de millones cada año para establecer ciertas tendencias en las compras y crear demanda para sus productos. Intentan forjar en nuestra mente expectativas irreales acerca de los productos que venden. Mucha de la «emoción de comprar» no se debe al hecho de comprar en sí, sino a la enorme publicidad que con anterioridad se ha hecho del producto.

¿Influye la publicidad en tus gastos diarios? Las siguientes preguntas pueden ayudarte a averiguarlo:

1) ¿Posees muchos objetos que no habrías comprado si no los hubieses visto anunciados?

2) ¿Crees que la mayor parte de las cosas que compraste no están a la altura de lo que anunciaban?

3) ¿Tiendes a tirar o a «dejar guardados» muchos de los artículos que compras?

4) Si respondes «no» a las preguntas 1 y 3 y «sí» a la 2, es que estás obrando de la forma debida y te resistes a la publicidad. Si, por el contrario, tus respuestas son a la inversa, te sugiero lo siguiente:

> *a) No compres nada por impulso*, a menos que sea muy barato, ya que frecuentemente nos cansamos muy pronto de los artículos que compramos de forma impulsiva.
>
> *b) Retrasa las compras importantes*. Piensa en ello durante un par de semanas y si después de transcurrido ese tiempo deseas comprarlo, quizá entonces debas hacerlo.

Trata de convertirte en un «mal comprador»; es decir, en alguien que sólo compra los objetos que le son *necesarios* y no los que han sido ingeniosamente anunciados. La próxima vez que veas un anuncio publicitario ten presente que su principal propósito no es hacerte la vida más fácil, sino que tu dinero pase al bolsillo del anunciante.

Para dar este paso, recuerda:

> *Sé que a quien más beneficia la publicidad es al anunciante*

Relájate
y tómate tu tiempo

Correr se ha convertido en un hábito. Corremos a la hora de comer, estudiar, trabajar, cuando tenemos una cita, durmiendo y en cualquier otro asunto que pueda hacerse más rápido. Aprendemos a hacer las cosas cada vez más deprisa y en la actualidad las hacemos a un ritmo frenético, pero ¿qué podemos decir al respecto?

Hacemos mucho, pero la mayor parte de muy mala calidad pues pasamos por alto dar el toque final porque tenemos demasiada prisa por hacerlo. Correr a la hora de realizar un trabajo o un proyecto significa a menudo hacerlo mal o tener que hacerlo de nuevo. Si hubiésemos sido un poco más cuidadosos, lo habríamos hecho bien a la primera.

50 Pasos
para una transformación personal

Correr no sólo no mejora la calidad de nuestra vida, sino que la empeora. No concedemos el debido tiempo a las relaciones, la salud, el trabajo, así como a un sinfín de cosas más. En consecuencia terminamos divorciados, enfermos o sin empleo, además de toda una gama de problemas que nos inundan. Y, lo que es peor, pasamos por la vida tan rápidamente que nos perdemos gran parte de su belleza.

Sí, quizá podemos aprender a hacer las cosas más rápido, pero ¿para qué?

¿Qué podemos hacer para detener toda esa prisa sin sentido? La respuesta en tres palabras es: ir más despacio. Desde este preciso instante, antes de que corras para emprender otra tarea, detente un momento y echa una mirada a tu estilo de vida. ¿Dónde puedes detenerte? Haz una lista de las actividades diarias que hagas y retrasa aquellas que puedas hasta un momento indeterminado del futuro (ya podrás hacerlas cuando *no* tengas prisa). Si hay algo de la lista que puedas omitir definitivamente, hazlo.

La vida es demasiado corta para pasar corriendo por ella. Relájate, respira profundamente y detente.

Para dar este paso, recuerda:

Mi trabajo, mi actitud y mi vida
mejoran cuando voy más despacio

Evalúa

de nuevo tu sendero espiritual

¿Cuáles son las cualidades que más admiramos en otros? La mayoría de los lectores de este libro probablemente digan que el *desinterés*. Honramos a quienes hacen actos heroicos: personas que dan su vida desinteresadamente por una buena causa, aquellos que intentan aliviar el sufrimiento humano o cualquiera que sea capaz de hacer un sacrificio enorme por ayudar a los demás. Con frecuencia definimos a estas personas como *santos* o *héroes*. ¿Qué tienen estas personas en común? En pocas palabras, se preocupan más por los demás que de sí mismos.

Algunos caminos que alegan ser espirituales sólo sirven para alimentar el ego. Dicen que te conceden habilidades especiales y que te convierten en una persona más importante y poderosa.

Un camino que alimenta el ego, en lugar de encogerlo, y que te hace pensar que de alguna manera eres mejor que los demás, no parece muy espiritual. Si el camino que estás siguiendo es así, quizá deberías reconsiderar si es el apropiado.

El otro tipo de camino espiritual es muy diferente. Las personas que lo siguen se dan cuenta de que deben dejar aquellas actividades que alimentan el ego. Para ellos, ser más «espiritual» significa ser más desinteresado, no más poderoso.

Para dar este paso, recuerda:

Analizo mis metas espirituales, mis métodos y objetivos

Atrévete
a ser diferente

La sociedad en la que crecemos nos condiciona y nos moldea. Desde muy temprana niñez se nos coacciona, se nos persuade y se nos amenaza para que seamos muy parecidos a todos los demás. Se nos inculca una conducta, unas actitudes y unas tradiciones. Nos recompensan si nos ajustamos a ellas y se nos castiga si no lo hacemos. La advertencia que hay escondida en esto es: *no te salgas de la norma y, en caso de que te sea absolutamente necesario, no lo hagas demasiado.*

¿Te sientes bien viviendo con esas restricciones? Muchas personas gozan de lo predecible que resulta una vida normal y prefieren ceñirse a los modelos de conducta tradicionales. Sin embargo, hay otros que se muestran muy impacientes con ese confinamiento social. Sienten que la vida con tantas reglas resulta demasiado limitada y quieren más libertad para sí mismos.

Si eres de esas personas que anhelan ser libres, debes hacerte algunas preguntas: ¿tienes el suficiente valor para ser diferente? ¿Tienes valor para decir que no a quienes están intentando convencerte de que digas que sí? ¿Estás dispuesto a ser un individuo cuando los demás te están presionando para que te fundas con la multitud? ¿Estás dispuesto a hablar claro cuando te sientes en desacuerdo?

Tratar de ser tú mismo puede ser difícil, especialmente para quienes hemos aprendido a ser conformistas porque así nos lo han machacado desde que éramos niños. Además, debemos esperar cierta hostilidad por parte de aquellas personas que se sienten amenazadas ante la presencia de alguien diferente. Pero ¿vale la pena? Sólo hay una manera de saberlo con seguridad.

Para dar este paso, recuerda:

No tengo que parecer, actuar o pensar como todos los demás

Cúrate

tú mismo de esos síndromes tan comunes

¿Te has sentido alguna vez intimidado por «la mayoría»? Muchos hemos aprendido los peligros que trae no ser como «la mayoría»: «La mayoría de la gente no actuaría de esa forma», «La mayoría de la gente se sentiría satisfecha con eso», «La mayoría de la gente habría hecho algo distinto», «La mayoría de la gente habría pensado que es desagradable»...

La lista de lo que «la mayoría de la gente» habría hecho podría alargarse hasta hacerse indefinida y puede adaptarse a cualquier persona en cualquier tipo de situación. Por ejemplo, si no te sientes agradecido por haber recibido un regalo sumamente horroroso que estás obligado a usar, probablemente haya alguien que diga algo como: «*La mayoría de la gente* se sentiría contenta por recibir ese regalo». Se espera que creas eso, ya que se basa en los resultados de una encuesta realizada recientemente y en la que queda probado que la mayoría de la gente se habría comportado de manera distinta si hubiera recibido el regalo.

También es muy probable que hayas sido víctima del Síndrome del «Dicen». Es muy similar al de «la mayoría de la gente» pero un poco más ambiguo. Lo extraño es que todos recuerdan siempre lo que «dijeron», pero ninguno parece estar seguro de «quién» lo dijo. Si prestas cuidadosa atención a lo que «dicen», es probable que encuentres muchas estupideces supinas mezcladas con algunos hechos.

Ninguno de estos síndromes resulta especialmente perjudicial, pero puede ser origen de toda una serie de estupideces. Por tanto, en interés de tu salud mental y emocional, intenta evitar en el futuro ser contaminado por ese tipo de enfermedades.

Para dar este paso, recuerda:

No tengo por qué seguir a «la mayoría de la gente» y presto muy poca atención al «dicen»

Prepárate

para decir «no»

Cuando alguien trata de convencerte de que hagas algo que no deseas especialmente hacer, ¿te preguntas si es una petición razonable o sólo es alguien tratando de aprovecharse de ti? Si se trata de esto último, ese alguien está intentando manipularte.

Los manipuladores tratan de suscitar sentimientos en los demás con el fin de que hagan lo que ellos desean. A menudo te prometen compensaciones como: «Te sentirás orgulloso de ti mismo», «Eres el único que puede hacerlo debidamente», «Es lo mejor», «Luego me lo agradecerás»... Y ¿dónde se encuentran todas esas compensaciones? En ningún lado excepto en la mente del manipulador.

En ocasiones tal vez te pidan ayuda porque alguien se encuentra en una situación de grave necesidad. Ésa es otra clase de petición y se refiere a un tipo diferente de ayuda, que no debemos ignorar.

¿Cómo puedes ver la diferencia entre una petición legítima y la del manipulador? Una petición legítima normalmente trae consigo una compensación real (una que tú valoras) o simplemente te pide tu ayuda. Un manipulador nunca te ofrece nada que tenga un valor real.

El mundo sería mucho más agradable si nadie intentara aprovecharse del otro, pero no es el caso. Si no quieres que te molesten y deseas quitarle a alguien las ganas de pedirte cosas, ten presente la siguiente frase:

Cuando te pidan ayuda y no te ofrezcan nada que tú valores a cambio, es muy probable que se trate de un manipulador.

Para dar este paso, recuerda:

*No tengo por qué hacer
todo lo que se me pide*

Crea
el modelo perfecto para ti

¿Te sientes a menudo insatisfecho con la vida, como si hubiera algo en ella que no eres capaz de controlar? ¿Puede deberse a todas esas cosas que deseas y que nunca parecen materializarse? ¿Vives en un estado de profundo desengaño? Si *tu* vida es así, es probable que nunca te hayas planteado tus propias metas.

Todos tenemos unos objetivos generales, como por ejemplo ser feliz, tener un buen trabajo, disfrutar de una vida cómoda, de una buena relación, así como otras cosas más. El problema con estas metas es que *a)* son demasiado generales, y *b)* no se dispone de un plan para conseguirlas. Elegir unas metas específicas puede ser laborioso. Por esa razón muchos no nos preocupamos por ellas. Lo más difícil es decidir qué es lo que finalmente queremos de la vida. No obstante, no tienes por qué decidirlo todo al mismo tiempo. En su lugar intenta un pequeño experimento. Tómate unos cuantos días para recapacitar sobre algo que realmente deseas obtener o hacer. Es mejor elegir una meta pequeña y que sea factible. Una vez que hayas decidido la meta, divídela en metas más pequeñas. Es importante anotarlas todas, una por una. Cada vez que consigas una de esas metas pequeñas, pon una marca a su lado para que quede como recordatorio del progreso que has realizado.

Sigue esos pasos para conseguir cualquier meta razonable, ya sea grande o pequeña. A medida que lo vayas haciendo, tu vida se centrará. La razón por la que muchos andamos a la deriva por la vida es que aún no hemos decidido a dónde ir. Si no te creas tus propias metas, probablemente termines sin conseguir nada de lo que deseas, o tal vez incluso nada en absoluto. Hasta que te decidas a que *ocurran* las cosas, probablemente nada ocurrirá.

Para dar este paso, recuerda:

Si deseo algo, necesito un plan para conseguirlo

Deja
que las personas cambien

Muchos hemos deseado, en alguna ocasión, ser una persona diferente de la que somos. Con frecuencia hemos tratado de *hacer* que la gente cambie, pero no hemos obtenido grandes resultados porque no les hemos ofrecido un incentivo que valoren. *Es* posible influir en los demás para que cambien, pero hay ciertos aspectos que debemos tener presentes:

1) Cuantos más comentarios hacemos sobre los rasgos de la personalidad, las cualidades o características (ya sean buenas o malas) de otra persona, más probabilidades hay de que aumenten. Cuando reconocemos

y señalamos la conducta de una persona, atraemos su atención de tal manera que normalmente conseguimos que dicha persona refuerce o asiente su postura. El elogio es una compensación poderosa y anima a que se repita el tipo de conducta que lo ha suscitado.

2) La persona a la que se le reconoce una cualidad positiva se sentirá agradecida por el comentario y ello aumentará su autoestima. Puesto que a todos nos gusta que se tenga buena opinión de nosotros, es muy poco probable que alguien niegue que tiene una cualidad positiva cuando se le atribuye.

Todos tenemos el potencial de cambiar, independientemente de lo poco conscientes que seamos de ello. Reconocerlo facilita el cambio. También debemos ser conscientes de no utilizar la manipulación para intentar cambiar a alguien, sino sencillamente debemos crear un ambiente favorable para que ese cambio pueda producirse.

Para dar este paso, recuerda:

*Reconocer una conducta positiva
puede hacer que ésta aumente*

Aprende
lo que significa una buena autoestima

Muchas personas no comprenden lo que realmente significa una buena autoestima. A continuación encontrarás alguna información que te ayudará a tener una imagen más clara al respecto:

1) Algunos creen que tener una buena autoestima significa arrogancia y orgullo. Sin embargo, las personas que gozan de una buena autoestima se sienten bastante contentas de dejar la arrogancia y el orgullo para los demás, ya que no disponen de tiempo ni tienen ganas para ello.

2) Algunos creen que las personas con una buena autoestima son egoístas, cuando de hecho el egoísmo y la autoestima se encuentran en los extremos opuestos del espectro. El ego es el que nos hace desear resaltar por encima de los demás, mientras que la buena autoestima nos hace sentirnos felices con ser simplemente uno más. El ego busca el elogio y la adulación, la autoestima hace caso omiso de ellos.

3) Algunos creen que los que tienen una buena autoestima miran por encima del hombro a aquellos que no la tienen, lo cual no es cierto. Una buena autoestima significa ver a todos por igual. Las personas con una buena autoestima no malgastan su tiempo decidiendo quién tiene buena autoestima y quién no.

4) Es indudable que la autoestima afecta a todos los aspectos de nuestra vida. Por tanto, mejorarla es una de las cosas más importantes que podemos hacer. Cuanto más te gustes, más feliz serás.

Para dar este paso, recuerda:

Mi vida mejorará al mejorar mi autoestima

Replícale
a tu Crítico Interior

¿Te han presentado alguna vez a tu crítico interior? Aunque tal vez nunca lo hayas considerado como tal, el crítico interior es una voz que hay dentro de la mente y que nos dice que no vale la pena intentarlo porque vamos a fracasar, que no eres tan bueno como los demás, que eres una persona realmente mala, etc.

El crítico interior es consecuencia de los comentarios negativos que hemos absorbido de las personas con autoridad que modularon nuestro carácter cuando crecíamos y que, como una voz de fondo, intenta ahora persuadirnos para que no intentemos nada nuevo a fin de mejorar la vida. Nos advierte ante la idea de intentar algo nuevo, ataca nuestras habilidades e intenta sabotear nuestros sentimientos de autoestima. El crítico interior trata de que te olvides de cualquier cosa que pueda beneficiarte de alguna forma, e ignora miles de éxitos obtenidos con tal de señalarte un fracaso.

¿Qué podemos hacer al respecto? Dos cosas: *primera*, tan sólo con ser conscientes de él debilitaremos el poder que tiene sobre nosotros; *segunda*, se le puede replicar. Vale la pena escuchar atentamente a nuestro crítico interior, anotar lo que nos dice y, después, escribir una frase que lo contradiga. Trata de memorizar esas frases y conseguirás replicar al crítico interior cada vez que te enseñe su fea cabeza.

El crítico interior está relacionado totalmente con el pasado y con el fracaso. Tu vida tiene que ver con el «presente» y con el éxito. Como dicen: teniendo al crítico interior como amigo, no necesitas enemigos.

Para dar este paso, recuerda:

Replicaré a los comentarios negativos del crítico interior

Acaba
con el hábito de comparar

Es poco probable que alguien se haya librado de que lo comparen con otros niños. Las personas que desean que mejoremos en algún aspecto nos suelen comparar con alguien que es claramente superior.

Ésa era el arma favorita de las personas que tenían autoridad en nuestra vida. No importa qué tipo de característica comparaban, siempre tenían un buen surtido de ejemplos, cada vez mejores, más encantadores, más guapos, más inteligentes, etc.

Aunque su intención fuese la de hacernos mejorar, compararnos de esa manera es lo peor que podían haber hecho. *Primero*, nos hicieron sentir siempre como individuos de segunda categoría, nunca lo suficientemente buenos. *Segundo*, nuestras dudas acerca de nuestras habilidades aumentaron y empezamos a sentirnos inferiores. Ambos sentimientos nos hicieron sentir muy desgraciados.

Y, lo que es peor, como consecuencia de su mensaje, desarrollamos también el *Hábito de la Comparación*. Debido a dicho hábito, vivimos en un estado de constante comparación. Comparamos cualquier aspecto nuestro con los de las personas que vemos y con las que hablamos: ropa, trabajo, ingresos, familia, automóvil, destrezas atléticas y cientos de cosas más.

Si nos comparamos con alguien que no es tan bueno como nosotros, nos sentimos mejor. Si es con alguien mejor, nos sentimos mal. Es como si eso nivelara las cosas. Sin embargo, lo que necesitamos es *dejar de compararnos* con *nadie*, a menos que sea con un propósito práctico. El Hábito de la Comparación es justo eso: un hábito. Y como cualquier mal hábito, se puede acabar con él.

Para dar este paso, recuerda:

Compararme con otros
es una pérdida de tiempo

Ábrete

al cambio

Uno de los dolores más agudos y agonizantes que sentimos es el del cambio. ¿Por qué nos resistimos a él con tanta fuerza? Normalmente se debe a que preferimos lo conocido a lo que hay por conocer. Pensamos que los beneficios de estar siempre igual compensan el riesgo y las consecuencias impredecibles del cambio. En resumen, pensamos más en los aspectos negativos, *las pérdidas*, que en los beneficios potenciales que nos reportaría el cambio. En lugar de desear abrazar algo nuevo, lamentamos la pérdida de lo viejo.

Sin embargo, nos guste o no, el cambio es inevitable. Sin él, nos convertiríamos en personas inflexibles y anquilosadas. Si insistimos en la permanencia, nos convertimos en personas estresadas, frustradas y desgraciadas. Y, como descubrimos en ocasiones, el dolor de *rehusar* el cambio puede ser mayor que el dolor que el propio cambio produce. ¿Cuál es el secreto de un cambio exitoso? Consiste en centrarse en lo que vamos a ganar, no en lo que vamos a perder. Cuando las cosas cambian, se convierten en nuevas otra vez. Tenemos experiencias nuevas y emocionantes, descubrimos nuevos potenciales, hacemos nuevas exploraciones, encontramos nuevos placeres y nos aprovechamos de las nuevas oportunidades para madurar y enriquecernos.

La vida está en movimiento constantemente, por lo que debemos ser lo suficientemente flexibles para adaptarnos a sus demandas. Si lo hacemos, fluirá con nosotros y a nuestro alrededor en lugar de chocar contra nosotros. En lugar de resistirnos al cambio, debemos trabajar con él, pues aunque no siempre podemos cambiar el curso de los acontecimientos, sí *podemos* cambiar nuestra actitud. Y, puesto que estamos en un viaje sin retorno, ¿por qué no relajarnos y disfrutar? ¿Qué es la vida sino un flujo continuo de constantes sorpresas?

Para dar este paso, recuerda:

Me beneficio aceptando y trabajando con los cambios de la vida

Declárale

la guerra a la aprobación personal

Sin duda, cuando eras niño te enseñaron que era muy importante contar con la aprobación de la gente. ¿De qué gente? Normalmente de aquellos que consideramos nuestros iguales o de aquellos que han llegado más alto en la escala social o económica.

Pero ¿es realmente importante su aprobación o es simplemente un asunto que alguien se ha inventado para mantenernos a raya? La respuesta a esa pregunta, como sucede con otras muchas buenas preguntas, es sí y no. *No*, puesto que la gente nos puede manipular amenazándonos con retirarnos su aprobación si no hacemos lo que nos piden. Debemos vivir según su estándar, no el nuestro. En realidad, nos convertimos en esclavos de esas personas a las que creemos debemos complacer. A este tipo de aprobación es a lo que llamo *aprobación personal*.

Sí, puesto que tenemos que contar con la aprobación de cierta gente si queremos sobrevivir. Podemos considerarla una *aprobación práctica*, pues la necesitamos para tener un trabajo, para vivir y para proporcionar a nuestra familia las necesidades de la vida.

La solución al problema es simple: no te preocupes demasiado de la aprobación de la gente. Sin embargo, esto no es sencillo de hacer y, para muchos, resulta extremadamente difícil puesto que la necesidad de una aprobación personal ha sido parte de su vida durante mucho tiempo. Probablemente la mejor solución sea mejorar la autoestima. Con cada mejora que consigas, lograrás que esa necesidad de aprobación personal disminuya.

Para dar este paso, recuerda:

Comprendo que la aprobación personal es agradable, pero no necesaria

Disfruta

de la relación más importante

¿Con quién es esa relación? Pues contigo, por supuesto. A continuación encontrarás una serie de normas de etiqueta que debes seguir en esa relación:

Perdónate por todos los errores que has cometido, incluso los más graves. Todo el mundo comete errores. Solamente las personas perfectas pueden evitarlos y nadie es perfecto. Sin embargo, podemos hacer que sean cada vez menos.

No te insultes. Algunos estamos tan acostumbrados a escuchar improperios acerca de nosotros que dejamos que nuestro critico interior los haga también. Debes acabar inmediatamente con ese hábito tan destructivo.

No te asuste promocionarte a ti mismo. Se nos ha educado para que pensemos que si reconocemos nuestras habilidades pareceremos vanidosos o presumidos. Esto es una completa estupidez, por supuesto. Si nos quedamos con los brazos cruzados pacientemente esperando que alguien nos promocione, podemos morirnos sin que nadie nos haya descubierto.

Recuerda que eres la persona más importante de tu mundo. Tus necesidades deben ser tu primera preocupación, ya que eres responsable de tu salud y de tu bienestar. Si procuras cuidarte bien, podrás cuidar mejor de los demás.

Para dar este paso, recuerda:

*Soy la persona más importante
de mi vida*

Espera
lo mejor, pero prepárate

Parte de las lecciones que aprendimos en la infancia se centraban en cómo tratar con la gente. De igual modo, las personas que se educaron en culturas diferentes y en familias diferentes aprendieron cómo tratar con la gente. ¿Pero qué es lo que aprendimos? Un gran número de rasgos admirables: a ser honesto y justo, a ser considerado y amable, a cuidar de los demás, a comportarnos de forma racional y a ser simpático y servicial.

Sin embargo, las personas que pertenecen a otras clases de familias o culturas tal vez no hayan aprendido las mismas normas de conducta. Lo que a nosotros puede parecernos bien a ellos puede parecerles mal, y viceversa. Asumir mecánicamente que todas las personas con las que nos encontramos viven bajo las mismas normas y la misma ética puede acarrearnos serios problemas. Una conducta que para ti puede ser inadmisible para otra persona puede ser algo normal. No creas que, sólo porque *tú* no harías algo, nadie lo va a hacer.

Debatir sobre este tema no tiene la intención de hacerte sentir como si fueras paranoico, sino sólo recordarte que lo que esperas de la gente y lo que la gente haga tal vez no coincida. La vida sería, sin duda, mucho más agradable si todos viviéramos bajo las mismas normas, pero nunca lo haremos. Teniendo en cuenta la diversidad de nuestra especie, lo más inteligente que se puede hacer con respecto a la conducta de los demás es tratar de ser abierto y estar preparado para cualquier cosa. De nada sirve cómo *creas* que la gente actuará, ya que *ellos* lo harán según crean que deben hacerlo.

Para dar este paso, recuerda:

Espero lo mejor, pero me preparo para otras posibilidades

Entiende

cómo funcionan las emociones

¿Te has preguntado alguna vez acerca de tus respuestas emocionales? ¿Por qué experimentas en cierto momento furia, en otro miedo, en un tercero lástima y en un cuarto frustración? Intentamos mantener nuestras respuestas emocionales constantes de una vez para otra; cuando alguien muere, por ejemplo, no respondemos una vez con lágrimas y otra con risas. Esa constante hace parecer como si nuestras respuestas emocionales nos hubieran sido implantadas al nacer.

Sin embargo, salvo en escasas ocasiones, no es así. Respondemos como lo hacemos porque, al crecer, inconscientemente adoptamos la conducta de las demás personas;

es decir, observamos cómo responde la gente a cierta clase de incidentes y tomamos la que consideramos más efectiva. Por tanto, nuestras respuestas no son reacciones automáticas, sino aprendidas. La mejor prueba de ello es que la respuesta a un incidente determinado varía de una cultura a otra; es decir, lo que produce tristeza en una cultura puede alegrar en otra.

¿Qué sentido tiene todo esto? Pues que en lugar de culpar a otras personas por evocar en nosotros una respuesta particular, debemos culparnos a nosotros. Esto supondrá un tremendo golpe, porque estamos muy acostumbrados a culpar de nuestras emociones a alguien o a algo, en lugar de a nosotros mismos.

¿Y qué debes hacer al respecto? Empieza por comprender que las respuestas emocionales que elegiste en la infancia tal vez no sean las más apropiadas para un adulto. Y si no lo son, debes empezar por cambiarlas.

Para dar este paso, recuerda:

*Mis respuestas emocionales
las elijo yo*

Libérate
de los malos recuerdos

Con el tiempo, a todos nos han ocurrido incidentes dolorosos que, en algunos casos, nos dejaron una profunda cicatriz. En el momento en que ocurrieron dichos incidentes, el intenso estado emocional parece que los grabó de forma imborrable en nuestra memoria.

Nos mostramos reacios a olvidar esos recuerdos emocionales tan dolorosos. En muchos casos, creemos que olvidarlos es una falta de respeto o de lealtad por alguien a quien quisimos, como si ya hubiese dejado de ser alguien especial para nosotros. En otros casos, tenemos recuerdos dolorosos de distinta naturaleza, tan horribles que parece que somos incapaces de olvidarlos.

50 Pasos
para una transformación personal

Está demostrado que, *cada vez que se repite una acción en particular, más fácil es realizarla de nuevo.* De esa forma es como desarrollamos los hábitos. Repetir los recuerdos dolorosos una y otra vez los mantiene vivos en nuestra mente. Por tanto, mientras continuemos recordándolos, seguiremos deprimiéndonos y reavivando el dolor.

También está demostrado que *cada vez que logras mitigar un recuerdo doloroso, éste se debilita.* Si intentas no experimentar de nuevo un recuerdo doloroso cuando éste llega a tu conciencia, debilitarás el contenido emocional del mismo.

Permitir que el dolor de un recuerdo se mitigue no lo convierte en menos importante ni hace a una persona menos querida. En el caso de que sean recuerdos aterradores, ¿qué sentido tiene revivir los acontecimientos más horribles de nuestra vida? Si lo hacemos, nos aterrorizaremos una y otra vez innecesariamente.

Las personas racionales no se infligen dolor a sí mismos innecesariamente.

Para dar este paso, recuerda:

*Me liberaré de los
recuerdos dolorosos*

Comprende
tu valor como persona

Muchos creemos que no somos seres humanos que merezcamos la pena. Es posible que nos hayamos dado cuenta de ello conscientemente, pero probablemente no. Tanto si lo hemos hecho como si no, no importa, siempre y cuando esos sentimientos sigan existiendo en nosotros.

Gran parte de nuestra conducta como adultos se debe a la educación que hayamos recibido y a las figuras de autoridad que nos hayan controlado. Puesto que eran mayores, más fuertes y más inteligentes, nuestro mayor interés era creer en ellos y así lo hicimos.

Desgraciadamente, algunas de esas figuras de autoridad tenían muy baja autoestima, además de sus propios sentimientos acerca de nuestra escasa valía. Puesto que las personas actúan según su nivel de autoestima, no hay duda de que debieron hacerte muchos comentarios iguales a los que les hicieron a *ellos* cuando eran jóvenes. Trata de comprender una cosa: sus comentarios negativos no tenían *nada* que ver contigo, sino con *ellos*.

Es una triste historia, de acuerdo, pero no tiene por qué seguir así. *Todas las personas del planeta tienen su valor, y nadie vale más que otro*. Si dicha premisa no forma parte de tus creencias, empieza por tratar de adoptarla. Te darás cuenta de la certeza de esta afirmación mejorando tu autoestima. Si realmente lo deseas tienes a tu disposición muchos libros, trabajos y seminarios. Dedicar un poco de tiempo a mejorar tu autoestima tal vez sea uno de los pasos más importantes de tu vida.

Para dar este paso, recuerda:

Yo valgo tanto como cualquier otra
persona que haya en la tierra

Sé consciente

de que el amor no tiene precio

Algunas personas utilizan la palabra «amor» como si fuera una mercancía que pueden usar para regatear y comerciar. Esos manipuladores creen que el amor es una herramienta que sirve para controlar la conducta de la gente. Suelen decir algo así: «Si me quisieras, harías eso por mí», o «Si sintieras algo por mí harías eso», o «A ti no te importa lo que yo siento».

Las personas que dicen cosas semejantes no tienen ni la más remota idea de lo que es el verdadero amor, puesto que jamás lo han experimentado. Se les negó durante la infancia ese amor incondicional y en su lugar recibieron un amor falso como recompensa, por hacer lo que otros deseaban. No es raro que aprendieran a darle al amor un valor comercial.

Utilizar el amor de esa forma tan destructiva y manipuladora es un juego del que todos los participantes salen lastimados y ninguno beneficiado. Al jugarlo, esas víctimas del amor convierten a otros en sus propias víctimas. Si los que intentan controlar encuentran a alguien lo suficientemente crédulo, pueden conseguir de él o de ella todo lo que desean. La víctima, que sin duda espera una devoción ciega por los servicios que ha prestado, disfruta del «amor» hasta que la otra persona se crea una nueva necesidad o un nuevo deseo.

Posteriormente, la víctima se da cuenta de que no ha recibido nada a cambio por sus esfuerzos y se marcha, mientras que el amor mercantil buscará otro sirviente.

Si se te acerca alguien que te quiere «vender» el amor de esa manera, prepara la respuesta adecuada. Por ejemplo: «Si realmente me quisieras, no me pedirías que hiciese eso».

Para dar este paso, recuerda:

No se le puede poner precio al amor

Sé
imperfecto

Cuando estás trabajando en algo:

¿Te bloqueas con detalles insignificantes?
¿Crees que por mucho que hagas nunca será suficiente?
¿Crees que existe una solución ideal?
¿En ocasiones sientes una necesidad imperiosa de tener razón?

Si es así, eres perfeccionista: alguien que cree que su trabajo nunca es lo suficientemente bueno, con independencia de lo bien que lo realice.

50 Pasos
para una transformación personal

¿Cómo se convierten las personas en perfeccionistas? Suele suceder cuando son educados por figuras de autoridad que los juzgan según los cánones de los adultos, siendo niños. Obviamente, bajo esos cánones incluso hasta el mejor trabajo nunca es lo suficientemente bueno. La idea de que «no es lo suficientemente bueno» es un mensaje interno que arrastran hasta la madurez.

Como adultos, los perfeccionistas continúan creyendo que su trabajo no es lo suficientemente bueno, por perfecto que pueda parecerle a otra persona. Su crítico interior siempre está dispuesto a repetirle los juicios de valor de sus padres.

Pero ¿qué significa perfecto y cuán perfecta debe ser una cosa? Eso es lo primero que necesitas saber antes de comenzar un proyecto: si no perfecto, ¿en qué momento será lo suficientemente bueno?

Para dar este paso, recuerda:

La perfección no se puede conseguir.
No tengo necesidad de
matarme por ella

Considera
estas ideas

A continuación te expongo algunas ideas. Todas y cada una de ellas merece atención. Tómate tiempo para pensar en ellas y, si puedes, emplea un día o incluso más en reflexionar sobre cada una de ellas. Descubrirás que algunas tienen varias interpretaciones.

1) La carrera humana no es una competencia.
2) Las ideas espirituales que no se aplican a la vida real no son de mucha utilidad.
3) Las personas perfectas no se alegran por los errores o los problemas de los demás.

4) Admitir los errores que cometiste en el pasado significa que hoy eres más sabio que ayer.
5) La vida puede resultar verdaderamente simple, si no luchas contra ella.
6) Para evitar que los demás se sientan mal no debes llegar a los extremos.
7) El temor se basa en el *recuerdo* de las experiencias pasadas, no en las experiencias en sí.
8) El signo más claro de progreso espiritual es la carencia de preocupación por el progreso espiritual.
9) Las cosas deben ser realidad en tu mente antes de que sean realidad en la vida.
10) La aprobación de los demás es una posibilidad, no una necesidad.

Para dar este paso, recuerda:

*Nos complicamos la vida
más de lo necesario*

Sobre el autor

Tras estudiar la carrera de música, Jerry Minchinton se dedicó con gran éxito a la interpretación musical. Posteriormente fundó una empresa de procesamiento de correspondencia, que dirigió durante doce años de crecimiento continuado. Actualmente dedica la mayor parte de su tiempo al estudio de la autoestima y de los temas relacionados con ella. Las obras que ha escrito sobre esta temática se distinguen por su sencillez y amenidad, logrando transmitir su mensaje de una manera tan directa y clara que su asimilación no requiere esfuerzo alguno por parte del lector, siendo directamente captado por la mente subconsciente. Además del presente libro, es el autor de *52 cosas que puedes hacer para elevar tu autoestima, 44 claves para liberar tu vida, Máxima autoestima,* y *Para conseguir lo que quieras.* Sus libros se han publicado en numerosos países.

Índice

Introducción 7

Compórtate otra vez como un niño 9
Evita sentir envidia 11
Utiliza la mente adecuada 13
No intentes cambiar las cosas 15
Ejerce tus derechos 17
Rebélate contra la tiranía del teléfono 19
Piensa en la totalidad del cuadro 21
Haz regalos sin crear obligaciones 23
Recibe el éxito con agrado 25
Sé moderadamente inseguro 27

50 Pasos
para una transformación personal

Sé más consciente	29
Desarrolla una mente serena	31
Haz del mundo un lugar mejor	33
Deja el ego en su sitio	35
No lo tomes personalmente	37
Deja de preocuparte	39
Haz una lista de las cosas que «no quieres hacer»	41
No seas crítico	43
Desahógate escribiendo tus problemas	45
Elige sabiamente las imágenes	47
Haz que las personas que te encuentras se sientan importantes	49
Desarrolla una actitud de gratitud	51
Disfruta del poder reconstituyente de la naturaleza	53
Convierte la risa en un hábito	55
No sientas lástima de ti mismo	57
Ten sólo lo suficiente	59
Sé un verdadero amigo	61
No seas posesivo con aquellos a los que quieres	63
Entiende el propósito de la publicidad	65
Relájate y tómate tu tiempo	67
Evalúa de nuevo tu sendero espiritual	69
Atrévete a ser diferente	71
Cúrate tú mismo de esos síndromes tan comunes	73
Prepárate para decir «no»	75
Crea el modelo perfecto para ti	77
Deja que las personas cambien	79
Aprende lo que significa una buena autoestima	81
Replícale a tu crítico interior	83
Acaba con el hábito de comparar	85

Ábrete al cambio	87
Declárale la guerra a la aprobación personal	89
Disfruta de la relación más importante	91
Espera lo mejor, pero prepárate	93
Entiende cómo funcionan las emociones	95
Libérate de los malos recuerdos	97
Comprende tu valor como persona	99
Sé consciente de que el amor no tiene precio	101
Sé imperfecto	103
Considera estas ideas	105
Sobre el autor	107

DISCARD